主 编 徐耀新　　副主编 刘谨胜

精彩江苏 | Wonderful Jiangsu |
历史文化名城名镇名村系列

东村

江苏人民出版社

图书在版编目（CIP）数据

历史文化名城名镇名村系列.东村/徐耀新主编.--南京：江苏人民出版社，2018.7
（"精彩江苏"丛书）
ISBN 978-7-214-22258-9

Ⅰ.①历… Ⅱ.①徐… Ⅲ.①乡村-介绍-南通 Ⅳ.①K925.3

中国版本图书馆CIP数据核字（2018）第159652号

书　　　名	历史文化名城名镇名村系列·东村
主　　　编	徐耀新
策 划 编 辑	戴宁宁
责 任 编 辑	唐爱萍
装 帧 设 计	刘莘莘
出 版 发 行	江苏人民出版社
出版社地址	南京市湖南路1号A楼，邮编：210009
出版社网址	http://www.jspph.com
照　　　排	江苏凤凰制版有限公司
印　　　刷	江苏凤凰新华印务有限公司
开　　　本	889毫米×1 194毫米　1/32
印　　　张	3.125　插页　2
字　　　数	50千字
版　　　次	2018年10月第1版　2018年10月第1次印刷
标 准 书 号	ISBN 978-7-214-22258-9
定　　　价	39.00元

（江苏人民出版社图书凡印装错误可向承印厂调换）

"精彩江苏"丛书总编委会

总编委会主任：徐耀新
总编委会副主任：方标军
总编委会委员：徐耀新　吴晓林　裴　旭
　　　　　　　龚　良　方标军　刘爱华
　　　　　　　马　宁　徐小跃　周京新
　　　　　　　刘谨胜　嵇亚林　韩显红
　　　　　　　徐循华　孙　虎　刁仁昌
　　　　　　　杨福良　高成富　荣凯元
　　　　　　　李　杰　徐国祥　田　明
　　　　　　　张冲林　季德荣　季培均
　　　　　　　周文娟　钱建网　武　倩

"历史文化名城名镇名村系列"编委会

主　任：徐耀新
副主任：刘谨胜
委　员：姚文中　李虎仁　张　超　颜一平　宗　翡
　　　　韩　峰　周晓东　尹占群　王倚海　李　倩
　　　　孙为祥　华德荣　张志耕　黄正良

"历史文化名城名镇名村系列"编辑部

成　员：管世俊　盛志伟　楚小庆　陈朋光　管若松
　　　　陈建国　宋长善　李亦墨　马晓平　樊媛媛
　　　　王　蔚　樊继健　陈超然

本书撰稿：邹永明　姚勤德

"精彩江苏"丛书总序

江苏省省长　吴政隆

中华文化源远流长,在5000多年文明发展中孕育的优秀传统文化,在党和人民伟大斗争中孕育的革命文化和社会主义先进文化,积淀着中华民族最深层的精神追求,代表着中华民族独特的精神标识。

江苏是中华文明的重要发祥地之一,在这片美丽富饶的土地上,黄河文明和长江文明交汇融合,自然景观与人文景观交相辉映,孕育了具有鲜明特色的地域文化。无论是诸多自然景观还是各类古迹遗存,都散发着浓郁的文化气息,承载着厚重的文化记忆。纵观楚汉文化、吴文化、金陵文化、淮扬文化以及京口文化、江海文化、海盐文化,无一不因精彩而得以世代传承,无一不是我们讲好江苏故事的生动素材。

江苏多出文化精品。在悠久的历史文化长河中,创造了南京云锦、宜兴紫砂、扬州漆器、苏州刺绣、惠山泥人、江南丝竹等享誉海内外的艺术精品和精湛技艺。源于江苏的中国最古老剧种——昆曲,已有600多年历史,集诗、乐、歌、舞、戏之美于一身,被誉为"百戏之祖"。目前,我省共有10个项目入选联合国教科文组织人类非物质文化遗产代表作名录,146个项目入选国家级非物质文化遗产名录,这些都是人类文化的共同财富。

江苏多产文化名家。历史上名人辈出、名篇纷呈,孙武的《孙子兵法》、枚乘的《七发》、刘义庆的《世说新语》、刘勰的《文心雕龙》、施耐庵的《水浒传》、吴承恩的《西游记》、冯梦龙的"三言"、曹雪芹的《红楼梦》、刘鹗的《老残游记》等众多鸿篇巨著均在中华文化典藏中熠熠生辉，吴门画派、金陵画派、扬州画派及上世纪60年代形成的新金陵画派各呈风神，顾恺之、张旭、沈周、龚贤、郑板桥等古代书画家，以及徐悲鸿、刘海粟、陈之佛、李可染、傅抱石、林散之等现当代书画家均享誉世界。

江苏多有文化遗存。拥有世界文化遗产3处、全国重点文物保护单位226处、各级各类博物馆292家，不可移动文物超过2万处，国有可移动文物近百万件（套）。拥有国家历史文化名城13座，大运河江苏段是沿线文化遗产最密集、类型最丰富的河段。江苏还有着丰富的红色文化资源，很多革命先辈在这里留下战斗的足迹，形成了雨花英烈精神、铁军精神等具有江苏特色的红色文化品牌。

党的十九大报告指出，文化兴国运兴，文化强民族强。没有高度的文化自信，没有文化的繁荣兴盛，就没有中华民族伟大复兴。江苏优秀传统文化是我们世代传承的文化根脉、文化基因，不仅铸就了历史的辉煌，而且在今天仍然闪耀着时代的光芒，是我们坚定文化自信的深厚基础。我们要以习近平新时代中国特色社会主义思想为指引，深入挖掘优秀传统文化蕴含的思想观念、人文精神、道德规范，进一步坚定文化自信，推动社会主义文化繁荣兴盛。

省文化厅组织编写"精彩江苏"丛书，内容涵盖历史文化名城名镇名村、地方戏曲、书画艺术、红色文化等多个方面，是江苏优秀传统文化的集中展示，也是延展千年文脉、推动文化建设、凝聚精神力量的创新实践。希望"精彩江苏"丛书高水平讲好江苏故事，让小小"口袋书"发挥大作用，让一代一代江苏人更好地品味缕缕书香、延续文化记忆，让江苏的历史遗存和传统文化在新时代绽放新的精彩，为书写新时代中国特色社会主义伟大事业江苏新篇章提供强大精神动力和文化支撑。

留住"乡愁"
——"历史文化名城名镇名村系列"序

徐耀新

"举头望明月,低头思故乡";"露从今夜白,月是故乡明"。李、杜的这两句千古名诗,表达了中国人的乡愁情结。乡愁是对故乡永远的思念和情愫,是割不断的文化记忆。习近平总书记在2013年中央城镇化工作会议上指出,要让人"望得见山、看得见水、记得住乡愁",这一重要论述指明了在城镇化历史巨变中要努力留住"乡愁"的方向。历史文化名城名镇名村承载着厚重的历史记忆,传承着丰富的文化传统,彰显着浓郁的地域文化,是"乡愁"的重要载体。

作为华夏长江文化的发祥地之一,江苏孕育并保存了一批特色鲜明、底蕴深厚的历史文化名城名镇名村，它们的历史和特征可概括为如下几点：

数量领先。江苏现有50个国家级历史文化名城名镇名村，总量位居全国各省（区、市）前列。2016年，高邮市被国务院列为国家历史文化名城，成为我省第13个、全国第130个国家历史文化名城，江苏数量位居全国第一。目前，全省拥有中国历史文化名镇27个、中国历史文化名村10个，有省级历史文化名城4个、名镇13个、名村8个。

文化多元。从地域上来看，江苏历史文化总体上南秀北雄、吴楚分明，使江苏历史文化名城名镇名村呈现出文化的多样性。例如：国家历史文化名城苏州是吴文化的中心城市，其文化特质是上善若水、柔中蓄劲、人巧天工，赋予了中华儿女"杏花春雨江南"的家园情怀；国家历史文化名城徐州是楚汉文化的中心城市，其文化特质则迥异于苏州，表现为刚强雄浑、尚武崇文、勇于竞争。

风貌各异。江苏境内山水平原交错，河流湖泊纵横，临水建城，倚山建乡，数千年的文化积淀形成了独特的古城古镇古村风貌。"君到姑苏见，人家尽枕河。古宫闲地少，水港小桥多。"苏州至今仍保留着"水陆并行、河街相邻"的格局风貌。"尽道隋亡为此河，至今千里赖通波"，京杭大运河流经我省8座国家历史文化名城、19座中国历史文化名镇、7座中国历史文化名村，沿线人口稠密、城镇密集、经济繁荣、文化昌盛，有着独特的自然人文景观。苏州的古典园林、镇江的宋元古街、扬州的明清老巷、泰州的明清民居等令人驻足，留连忘返。

类型多样。江苏的历史文化名城大致可分为五种类型：古都型（南京）、传统风貌型（苏州）、风景名胜型（无锡、扬州、镇江、常熟）、一般史迹型（徐州、常州）、近代史迹型（南通）、特殊职能型（淮安、泰州、宜兴、高邮）；名镇名村也可分为五种类型：乡土民俗型（周庄、淳溪等）、传统文化型（溱潼、凤凰等）、革命历史型（黄桥、沙家浜等）、商贸交通型（孟河、礼社等）、名人故里型（陆巷等）。

保护好江苏历史文化名城名镇名村的特色，延续好江苏历史文化名城名镇名村的传统格局和历史风貌，就能为我们的家园情怀留下栖息之所。只有留住"乡愁"，才能"记得住乡愁"。江苏省第十三次党代会把推进新型城镇化和城乡发展一体化作为经济转型升级的重要内容，明确要求大力保护历史文化名城名镇名村。保护和利用好江苏历史文化名城名镇名村，最重要的是传承历史文化、保持自身特色，防止千城一面、千篇一律，杜绝盲目破坏性开发建设。要加强历史文化名城名镇名村传统文化的挖掘和整理，提炼传统文化符号;尊重历史文化名城名镇名村中人与环境、人与自然和谐相处的生产生活方式;充分发掘传统艺术、传统民俗、人文典故、地域风情等非物质文化资源,彰显城乡传统建筑、城镇历史街区和乡村农耕水利、生态环境的独特魅力。

编撰"精彩江苏"丛书之"历史文化名城名镇名村系列",是提炼江苏历史文化符号的切实举措,是创新开展江苏历史文化资源研究的具体实践,对于充分展示江苏地方特色文化、打造"精彩江苏"文化品牌具有重要意义。本系列共50本,涵盖我省50座国家级历史文化名城名镇名村,兼具文学性与史学性,展现了江苏历史演变中岁月累积的文化智慧与古物风貌,彰显了江苏人民的文化自信与自觉。丛书采用"口袋本"的形式,深入浅出,图文并茂,装帧精美,便携易读。

期待通过丛书的传播与利用,进一步宣传好、保护好、开发好江苏历史文化名城名镇名村,激发江苏人民群众爱国爱乡情怀,让江苏优秀传统文化永续传承、焕发新春!

2017年秋于南京

(本序作者系江苏省文化厅党组书记、厅长,博士、教授)

目 录

引　言 / 001

第一章　古村钩沉 / 001
　第一节　东村概况 / 002
　第二节　徐氏家族史话 / 004

第二章　文化遗产 / 009
　第一节　街巷特色 / 010
　第二节　古建筑精粹 / 015

第三章　风物民俗 / 045
　第一节　传说故事 / 045
　第二节　东村人物 / 048
　第三节　名特物产 / 052

第四章　古村保护 / 062

　第一节　保护规划 / 062

　第二节　保护整治 / 064

　第三节　旅游线路 / 066

附　录 / 070

参考书目 / 078

后　记 / 080

引 言

东村，位于苏州太湖西山岛北端，南倚青山，北濒太湖，与横山、阴山、绍山诸岛相望。距苏州古城区35公里，现为苏州市吴中区金庭镇东村行政村所属的东村自然村。

东村已有2000多年的历史，经济以花果、碧螺春茶叶、旅游服务为主，深得桃花源意境。这里既没有古老集镇上繁华的商业街巷，也没有城市里精致的亭台楼阁；她土生土长，依然是江南水乡古老的村墟篱落，被誉为"中国历史文化名村"、"中国传统村落"。

名

东村

第一章
古村钩沉

东村建村于秦末汉初,因商山四皓之一的东园公曾隐居于此而得名,古称"东园村",简称"东村"。南宋金兵南侵,大批高官贵族到西山隐居,定居东村的大部分是抗金烈士徐揆的后代,至今徐家仍是东村的主要氏族。明清两代,村民外出经商致富后营建的村庄延续至今,成为江南水乡农耕文明、天人合一、和谐共处的典范。(图1、图2)

图1 东村古村全景

图2 东村街巷

第一节 东村概况

汉朝初年,以东园公为首的著名隐士商山四皓,辅佐汉惠帝刘盈登上皇位,定国安邦,造福万民,功成身退隐居西山。

南宋初年,北方贵族大举随宋室南迁,大批贵族到西山定居,给西山带来了空前的繁荣和深厚的文化底蕴,东村的徐氏大族,就是南宋贵族的后裔。

明清时期,县以下设乡,乡以下为都,都以下为图、村,东村为吴县第三十三都的一个图,属吴县姑苏乡。

清康熙年间,西山分为三个乡:姑苏乡(梅梁里,岛东北部),辖吴县第三十二都(10个图)、三十三都（4个图）、三十四都（4个图）；洞庭乡（玄宫里，岛东南部），辖三十五都（7个图），三十六都（在三山，2个图）；长寿乡（习义里，岛西部），辖三十七都（5个图）、三十八都（3个图）。全岛共3个乡，7个都，35个图。

西山因土狭民稠，大批居民外出经商，不仅足迹遍布江浙沪一带，还大规模远贸至湖南、湖北，且多数因经商而致富，与东山商人一起被称为"钻天洞庭"。经商致富，使西山在明清时期建造了大批规模宏大、装饰精美的宅第，也形成了许多像东村、明月湾那样规划严密、布局合理、配套齐全的村庄和集镇，这种状况在清乾隆、嘉庆及道光年间达到了鼎盛。东村现存的古建筑，大多建于这一时期，且有着鲜明的西山地方特色。

民国年间，东村先后属吴县第十九区东村乡、第十三区东园乡、西山区东涵乡、吴县四皓乡。

解放后，设立东村大队，下辖4个小队，隶属于吴县建设公社（1980年更名为堂里公社）。1987年，西山岛上的金庭、石公、堂里3个乡合并为西山镇（2007年更名为金庭镇）。2000年，横山、阴山、东村3个行政村合并为新东村行政村，村委会设在东村古村的徐家祠堂，东村古村自此变为自然村。2003年，新东村与相邻的爱国村合并，设立东村行政村，村委会设在植里古村的原植里小学。

第二节　徐氏家族史话

徐氏是西山最大宗族，全山共有6支：后埠、南徐支，北徐支，东园支，堂里支，煦巷支，徐巷支。除专祠（徐徽言、徐缙）外，各支均独立建祠；除北徐支外，都已发现有各自族谱存世。六支原籍都是浙江衢州，均为衢州徐氏始祖徐练（唐朝中期）的后裔，迁到西山的时间均在南宋。

北宋时，徐汴河任河北永清府教授（学官），携家由衢州移居开封府。徐汴河第三子徐揆（小名七郎，新科举人，尚未授官），在靖康二年（1127）只身到京郊青城金兵营中索还被扣的徽、钦二帝，结果被金人当堂击杀，成为大宋烈士（高宗追赠宣教郎，谥"靖节"，赐建祠在苏州陈千户桥）。宋高宗南渡时，汴河公携其孙（徐揆之子）元吉（时年十二岁）"义不居伪邦，随帝南渡"（范成大《徐谱序》），先居于杭州小湖州墅5年，再避乱于苏州光福梓里村。因时局不稳，慕洞庭山水之胜和湖山之安宁，徐元吉于宋淳熙年间（1174—1189）移居西山绿石山麓的梅梁里（后埠）。元吉公之后衍分为三支：一支居崦南，定村名为南徐；随后又衍一支居崦北，即北徐支；另一支为汴河公七世孙万一公于宋宝祐二年（1254）迁居栖贤山麓之东园里（东村），为徐氏东园支始祖。

徐氏堂里支始祖为南宋乾道年间（1165—1173）平江府知府徐吉卿（名嘉）。徐吉卿之祖父徐量有子徽言（忠壮公）、潜言，吉卿为潜言之子。吉卿公生前慕西山山水，选定死后葬在西山，其次子徐大本（字致中）奉父柩安葬于堂里，并筑庐守墓定居于此（其余弟兄都回衢州原籍）。大本公为堂里徐氏迁山祖。

徐巷徐氏迁山祖为宋理宗时的平江府学录徐圻，因爱洞庭山水而迁居西山消夏湾。徐圻之祖徐徽言（忠壮公）为抗金名将，以武举及第，曾任保德知府、岚石路沿边安抚使等职，抗金时被俘，不屈被杀，高宗追赠晋州观察使，谥"忠壮"。徐巷徐氏为徐徽言后裔，清康熙六十一年（1722）建徐忠壮公祠，乾隆三年（1738）钱陈群有《徐忠壮公祠堂碑记》。该支有谱存世，但未见世次排行。

煦巷徐氏迁山祖为宋徽宗朝的主战派、侍讲学士徐素行（字逊之，号恒斋），因屡被投降派排挤，南渡后更不满高宗苟且偷安，辞官不仕，诫其子孙也不要出仕，举家定居于西山石公山北可盘湾，继迁居煦巷（今称许巷）。

西山徐氏后埠、南徐支第二十世至第三十九世的世次排行字号是（以文中公为第一世）：树（第二十世）、德、承、其、志、明、伦、怀、正、扬、邦、安、纯、佩、敬、宗、永、绍、廷、光

（三十九世）。其中第二十六世至二十九世生活的时代约在清末至解放后。

徐氏北徐支第二十六世至第四十五世的世次排行字号是（以文中公为第一世）：池（二十六世）、心、敦、孝、友、立、志、本、元、亮、尚、德、言、广、道、忠、臣、启、贤、良（四十五世）。

徐氏东园支第一世至第五十六世的世次排行字号是（以万一公为一世）：万（一世）、胜、仲、尚、余、昂、暹、晟、旻、㬢、昊、可、则、联、伦、明、以、正、德、纯、全、永、承、先、业、之、崇、廷、绍、修、书、礼、世、相、传、孝、友、端、方、希、圣、贤、惇、叙、五、典、光、祖、泽、显、扬、青、史、垂、千、年（五十六世）。其中第二十九世至三十五世生活的时代约在民国初至解放后。

徐氏堂里支第三十六世至六十五世的世次排行字号是（以江南始祖徐资为第一世）：维（三十六世）、宗、延、绪、广、日、茂、正、时、清、典、礼、开、基、永、经、书、济、世、宏、恒、思、周、公、训、刻、念、韦、昌、引（六十五世）。其中第四十一世至四十六世生活的时代约在民国初至解放后。

徐氏煦巷支第二十一世至第四十世的世次排行字号是（以素行公为第一世）：经（二十一世）、

书、绍、盛、业、孝、友、振、家、声、受、益、谦、为、贵、能、勤、学、艺、成（四十世）。其中第三十一世至三十五世生活的时代约在民国初至解放后。

已知西山徐氏现存宗谱有：《南徐徐氏世谱》，六册全，清乾隆四十年（1775）修；《重修东园徐氏宗谱》（图3、图4）六卷，清乾隆十年（1745）修；《东园徐氏宗谱》（图5、图6、图7、图8）八卷，

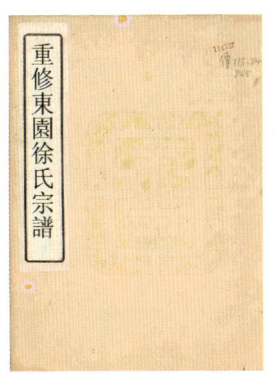

图3 清乾隆年东村徐氏宗谱

图4 清乾隆年东村徐氏宗谱

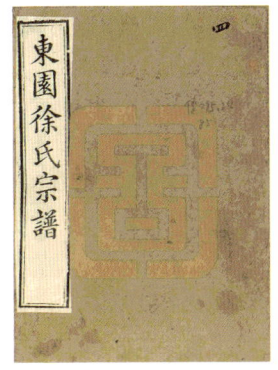

图5 清嘉庆年东村徐氏宗谱

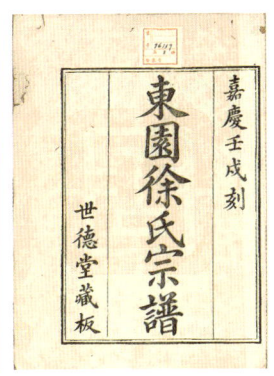

图6 清嘉庆年东村徐氏宗谱

清嘉庆七年（1802）修；《堂里徐氏家谱》及外编，残存家谱世系总图及世系分册二、外编一，清乾隆四十一年（1776）修；《具区销夏湾徐氏重辑宗谱》，六册全，清嘉庆十四年（1809）修；《洞庭煦巷徐氏宗谱》，四册全，清道光八年（1828）修。

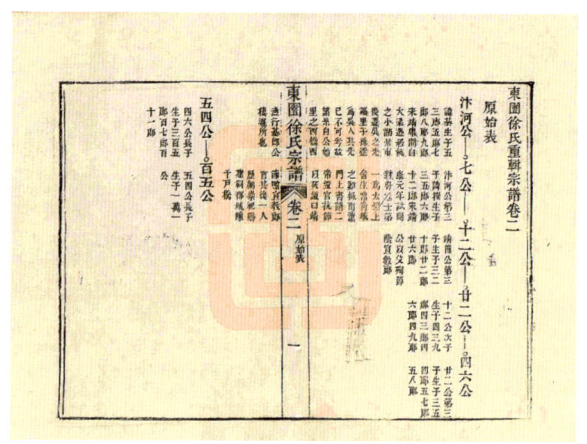

图7　东村徐氏世系表

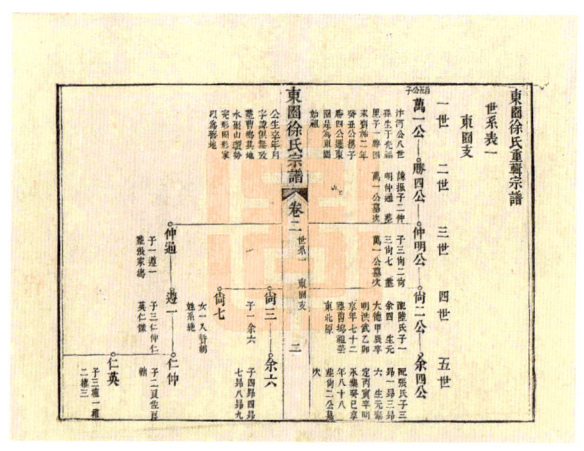

图8　东村徐氏世系表

东 村

第二章
文化遗产

东村的历史文化遗存丰富多彩。位于古村东、西、北三面的3处河道及码头，曾是村民走向外部世界的主要通道；村口4株高高的古樟树，如伞似盖，守护着古村的千年安宁；晏圣堂、观音堂、三清殿，是农村乡土信仰的实物例证；徐家祠堂、东园公祠、栖贤巷门，是古村徐氏家族和睦相处、世

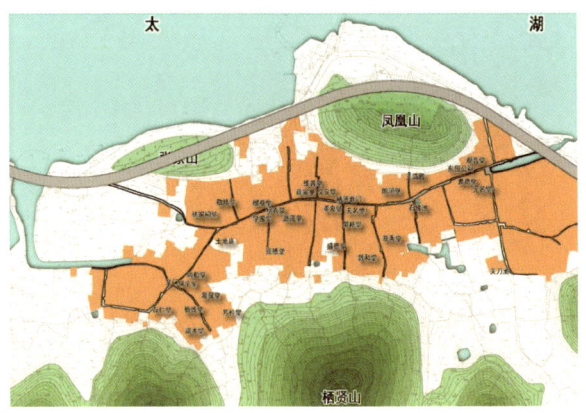

图9 东村古建筑分布示意图

代传承的文化载体；敬修堂、萃秀堂等多处明清宅第，是村民居住、生活的真实记录。正是这些历史文化遗存，组成了一幕幕水乡山村田园生活的生动场景。（图9）

第一节　街巷特色

长期的湖山阻隔，使东村的历史传统建筑受到的破坏相对较少。东村还保存着较为完整的传统街巷风貌，较好地反映了明清江南古村富庶的经济状况和淳朴的民风民俗，具有较高的历史、文化、艺术和科学价值。

栖贤巷门

图10　栖贤巷门

位于苏州市吴中区金庭镇东村栖贤巷北端。（图10）巷门始建年代无考。从梁架结构看，当属明代晚期建筑。2002年10月，该巷门被公布为江苏省文物保护单位。

巷门坐南面北，跨巷而建，东西两侧紧邻民居，南为栖贤巷，可通村外。巷门为二坡硬山顶，砖木结构。面阔一间2.15米，进深四檩1.84米。地坪高出街巷0.2米，四周设青石压沿，中间以小砖铺地。立柱4根，下置青石扁平础，直径0.31米。前柱高3.3米，柱身略呈梭形，柱头带卷杀，上置高0.2米的栌斗，四角刻海棠曲线，施雀替，支承脊檩。柱前出一担梁及丁头拱挑起檐檩。前后柱之间，以月梁和穿插枋相连接。后柱高2.38米，柱头置栌斗，承檐檩。月梁梁肩正中施单斗雀替承檩。后柱旁有门臼，现门已佚，前后柱之间设坐板，供人憩息。

巷门，是里坊制的坊门演化而成的古代村落的一种安全防卫设施。巷门日出而开，日落而关，巷门一关该街巷就成封闭形态。这种建筑设置是研究明代古村落安全防护措施的绝好材料。

东村的布局中规中矩，村中街道为东西向"一"字形，长800多米的东村大街为主，两侧有多条支巷，呈"丰"字型格局，街巷东至永泰桥，西至徐家祠堂，南至栖贤山山脚，北至凤凰山山脚，街道总长3500米，宽1.5—2.5米，路面为弹石、石板、青砖，街道一侧为排水明沟，巷之端设巷口。两旁的古宅以清乾隆、嘉庆年间的为多。因此，这种巷门的存在也是研究太湖地区古村落布局的珍贵史料。

目前，明代所建砖木结构的巷门在苏南地区仅存这一处，其梁架结构、建筑风格具有极高的文物价值。

民宅

东村现存的古建筑绝大多数为民宅，其平面布局，一般由照墙、门厅、大厅、楼厅沿中轴线摆布，朝南的房子门楼多数不在中轴线上，往往偏东，成曲尺形。住宅都以大厅后的库门作为内、外两宅的分界线。大厅是外宅的中心，楼厅是内宅的中心，前者为重大礼仪和接待宾客之所，后者为宅主生活起居和藏娇纳闺之地。住宅厅堂大多为硬山式，有风火山墙，正脊都用砖瓦叠砌，做纹头脊（屋脊两端翘起做各种花纹）或哺鸡脊（屋脊两端做鸡形装饰）。大厅屋顶的山界梁上空处大多用山雾云（斗拱两旁的木板，雕流云仙鹤，施彩绘）装饰，以增美观。在大梁两端，架于升口，抱住桁条两边的雕花板，称为"抱梁云"。大厅内四界前往往筑重轩，前为廊轩，后为内轩，前者尺度较小。

清代建筑雕刻。东村现存的清代建筑讲究雕刻装饰，大型住宅木雕、石雕、砖雕三者齐全。木雕大多施于梁枋、棹木、门窗、户闼。石雕多施于门枕、柱础、磉石、垂带石、御路、门窗框岩子的上槛等。砖雕广泛用于门楼、照墙、门楣、墙垣。雕刻题材有人物、山水、花卉、禽兽、鱼虫、书法等等。人物以刻载昆曲和京戏传统剧目中的故事为多，也有代表人们愿望、寄托人们情思的神话传说，还有打渔、采薪、牧马、耕作、游街、喜庆宴席、四时读书、弈棋、群儿嬉戏等生活场景。花卉刻载种类繁多，最多见的有富贵的牡丹，出污泥而不染的荷花，多子的石榴，果红叶绿的万年青，"岁寒三友""四君子"等等。动物中最多见的有龙、凤、鹤、鹿、狮、猴、蝙蝠、喜鹊、鲤鱼、鸳鸯、燕子、大象等，都是传统的吉祥之物。书法一般与砖雕结合，有四字成章的字枋，前有题头，后有落款，成横幅状，书卷气息十分强烈，虽寥寥数字，却寓意深远，其含义多激励后人、追念祖先、颂扬当世，平添许多风雅。此外，还雕有城门、轿子、铜线、锭升、聚宝盆、文房四宝等器物。山石林木多作为人物故事的衬景或作界画中的点景。上述种种雕刻内容大多是互相穿插在一起，有机地组成画面，而且力求讨个吉利口彩，竭力反映宅主的情怀，以及对美好生活的憧憬和追求。

毛笔、银锭、如意组成一个画面，喻为"必定如意"。蝙蝠、寿桃、百吉、祥云组成一个画面，喻为"福寿吉祥"。五只蝙蝠和一个圆形寿字，喻为"五福捧寿"，几个五福捧寿图案相连，喻为"福寿绵长"。梅树（梅花）配以双鹿，喻为"眉开双乐"。莲花和瓷瓶中插三支戟，喻为"连升三级"，瓶中插三支戟则为"平升三级"。雄鸡配以牡丹，喻为"功名富贵"。蝙蝠、鹿、老寿星在一起，喻为"福禄寿"。一个官和一只鹿在一起，喻为"加官受禄"，喜鹊和獾在一起，喻为"欢天喜地"。和合、玉鱼、鼓板、石磬、龙门、灵芝、松树、仙鹤八种东西在一起，即"八宝图"，象征福禄寿喜、大吉大利。隐去八仙人物，只雕出汉钟离的扇子、何仙姑的荷花、张果老的鱼鼓、蓝采和的花篮、韩湘子的笛子、吕洞宾的宝剑、铁拐李的葫芦、曹国舅的朝板共八件宝器，即"暗八仙"。信佛之家常雕"佛八宝"，即象征吉祥的法螺、法轮、宝伞、白盖、莲花、宝瓶、金鱼、盘长八种器物。祠堂中常雕"八音图"，即以钟、磬、琴、箫、笙、埙、鼓、祝八种古代乐器组成图案，象征欢快富庶、娱敬祖宗。溪中有鱼，溪边有桔，称为"吉庆有余"。天竺、水仙、灵芝，称为"天仙寿芝"。喜鹊驻足莲蓬，称为"喜得连科"。大猴背小猴，称为"辈辈封侯"。喜鹊面对铜钱眼，称为"喜在眼前"。芦苇、莲花、鹭鸶，称为"一路连科"。猴子骑在马背上，称为"马上封侯"。一只豹和喜鹊在一起，称为"报喜图"。柿子和灵芝联在一起，称为"事事如意"。分别将刻有"一本万利""二人同心""三元及第""四季平安""五谷丰登""六合同春""七子团圆""八仙上寿""九世同堂""十全富贵"等吉语的铜钱组成一个画面，称为"十全十美"。总之，有画面出现，必有寓意，喜庆吉祥，戏剧典故，林林总总，不胜枚举。

苏式彩画。清代的官绅宅第多数绘有苏式彩画，主要施于梁枋、脊檩，以建筑部件为单位分成3段，左右2段包头内或画联珠，或画箭绢，或画荷花，或画寿字，左右对称。中段称锦袱，极像是锦绣包袱包起来似的，其款式有方形、圆弧形两种，尖角向上的为正包袱式，尖角向下的叫反包袱式（较少）。锦袱的尺寸没有定格，均以部件体量而定。锦袱内所画内容多种多样，其中数古钱、兵器、工具、妆奁、毛笔、锦纹等用得最多。画锦纹的衬托面称"锦地"，不施彩色的衬托面叫"素地"，考究的"锦地"里画折枝花、香草状和各式锦纹，而普通的"锦地"只简单地刷上一层青绿而已。常用的颜色以浅蓝、浅黄、浅红为主，色调柔和高雅。少数彩画做沥粉装金，光彩夺目，富丽堂皇。彩画在艺术上以清嘉庆前的作品为上乘，嘉庆后的较为草率，民国后日益衰落。

第二节　古建筑精粹

村内保存有明清建筑30余处，面积约1.5万平方米，其中敬修堂、栖贤巷门、徐家祠堂3处为省级文保单位，萃秀堂1处为市级文保单位，学圃堂、绍衣堂、敦和堂、孝友堂、凝翠堂、维善堂6

处为苏州市控制保护建筑,另外还有芳柱堂、慎思堂、瑞木堂、仁余堂、留耕堂、仁德堂、朗润堂、永泰桥、晏圣堂、东园公祠等古建筑。

徐家祠堂

位于东村古村西侧,占地952平方米,清乾隆年间由著名儒商东村人徐联习主持创建。(图11)根据祠堂碑文记载,始建于清乾隆十三年(1748)四月,落成于乾隆十四年(1749)十二月,历时一年多,耗白银9000余两。上世纪"文革"后祠堂曾被改建为小学、村办工厂及村委会办公室,仅存前厅为原构建筑,保存有精美的木雕、砖雕、石雕和苏式彩绘。2005年被苏州市人民政府公布为苏州市控制保护建筑,2009年公布为苏州市文物保护单位,2011年公布为江苏省文物保护单位。

图11 徐家祠堂一进

2009年，经苏州市吴中区文物管理委员会批准，在市、区政府有关部门的支持下，由金庭镇人民政府主持，苏州太湖洞庭古村旅游开发有限公司、苏州瑞丽华文化旅游投资有限公司、金庭镇集体资产管理公司、东村村民委员会等单位参与，徐家祠堂修复了前厅，重建大殿、寝宫、照壁、回廊等，基本恢复原貌。修复工程始于2009年4月，2010年6月竣工，由苏州计成文物建筑研究设计院设计、苏州蒯祥古建有限公司施工，总投资四百余万元。2010年9月对外开放。

图12　清代东村徐氏祠堂图

祠堂内原有立于清乾隆六十年（1795）的"徐母殷孺人节孝题词"等书条石20多方，其中有刘墉、纪昀和翁方纲为殷氏题写的祭文，现已被毁。2009年重修时，发现了保存完整的清乾隆年间的《东园徐氏祠堂记》（图12）碑、祠堂经费收支明细碑,以及半块刘墉为殷氏题写的"贞寿毓贤"碑。

图13 徐家祠堂二进大厅

该祠建成时规模较大,有庭园、前厅(图13)、享堂、寝室,一路三进(图14)。前庭园内立有旗杆石,前厅前檐下设有木栅。厅内置有"孝悌忠心,礼仪廉耻"八字屏风,并悬挂"徐氏宗祠"

图14 徐家祠堂三进门楼

匾额。现仅存前厅为原构建筑,2009年对该祠进行了全面整修,复原了享堂、寝室。该祠堂坐北面南，倚山而建。前庭院较宽阔，东、西院墙各开券门。南院墙下部设有青石须弥座，须弥座束腰部雕刻着精美的夔龙纹，气势雄壮。

祠堂前厅面阔五间18.3米，进深9.2米，外观为二坡苏瓦硬山顶，下设青石基座。厅内为九架梁前后四架卷棚，上覆草架。梁柱制作精细，金柱高4米，底径0.28米，上细下粗。柱础青石鼓墩式，鼓腹部直径0.48米。柱头出丁头拱承托轩梁。梁垫、蜂头镂雕如意。轩梁扁作，梁肩置荷叶莲瓣柁墩，间设荷包梁，荷包梁头雕麻叶云，设镂花替木，承托轩檩，檩上置罗锅椽。檐口高3.65米，檐下额枋上设平身科与柱头科，传递屋顶的重量。牌科不出跳，为单昂重拱，昂嘴上卷似象鼻，昂上耍头里外两端均雕麻叶云，里端设枫拱，雕卷叶花纹，拱垫板及下枋镂雕人文故事图案。整座建筑装饰华丽精致，其梁、枋、斗、替木、梁垫、棹木、垫板等木构件均施满雕刻，其内容有人物戏文、花草动物、

图15 徐家祠堂清代苏式彩绘

喜庆吉祥等图案，雕刻手法采用透雕、高浮雕、阴刻等。尤其珍贵的是前厅的轩梁及轩檩上均满施沥粉金线聚锦苏式彩画，共有40余幅。彩绘颜色有金、红、白、蓝，色调艳丽明快，图案繁缛而清秀，是江南地区罕见的彩绘加雕刻并举的满堂彩雕做法。（图15）

享堂是一座平面近正方形的敞厅，满满的塞在院落正中。这种做法是这一地区祖祠形制的标准形式。寝宫正立面为副檐做法，内按序列设龛供奉徐氏各祖先的神位。整座祠堂厅、堂、寝宫、门庑廊阶齐备。制式规范，装饰华丽。该堂是目前尚存的西山地区体量最大、形制最规整的祠堂建筑，具有极高的文物价值。

敬修堂

位于东村古村西侧，在徐家祠堂以东，占地面积1866平方米，是西山现存最大的一幢古宅。（图16）创建于清乾隆十七年（1752），是东村富商徐氏的宅院。创建人为徐联习（1684—1753），字循先，号东村，是清乾隆年间的知名儒商。该堂规模宏大，装饰华丽，保存完好，是苏州地区具有代表性的高墙大院群体建筑。2002年10月，该堂被公布为江苏省文物保护单位。

敬修堂坐北面南，沿街而建，四周有黑色高墙封围，形成一座封闭式的院落。宅院东西宽26米，

图16 敬修堂古建筑群

南北总进深70米，建筑面积达1820平方米。全宅中轴线上主体建筑共有五进，依次为轿厅、中厅、大厅（图17）、楼厅、后附房。轴线东侧还有门屋及附房。各进主体建筑之间均以天井、墙门及墙垣隔成独立的单元。

图17 敬修堂大厅

大门南向，沿街而设。门做成库门形式，门内有狭长的小天井。西折为正宅门第，门第面东，为将军门形式。其装饰十分精美。额枋上做四个圆柱形门簪，端面分别雕刻春、夏、秋、冬四季的花卉。檐枋及夹樘板刻有麒麟云头纹图案。四抹头门框用材硕大，青石门枕正面雕麒麟，侧面刻荷花，底侧施如意花草。黑漆大门，高门槛，尽显大户人家高贵气派。大门两侧复立门框，体量左右相称，款式左右相同，寓意"门当户对"。门下用高门槛，可随意装拆，俗称"活落门槛"。高门槛两端做金刚腿。左右设立砷石（门枕石），砷石上浮雕花卉。敬修堂大厅是坐北朝南的，但大门是朝东的，属有意弯转，其原因是百姓晓得朝南房子采光好，冬暖夏凉，但只有皇宫、衙门、庙宇可以大门向正南，百姓即使发财致富亦不能与菩萨和帝王官爷相比，百姓地位低微，福分浅薄，住了大门朝正南的房子消受不起要遭灾遇祸，所以民间的朝南房子，不是偏东五度，就是偏西五度，绝不正南。这个大门不在中轴线上，反映了封建社会等级森严的时代特征。

　　入门为门屋，面阔一间3米，进深四界4.7米。出门屋右折为轿厅，厅前为庭院，院墙高耸，顶部筑脊。南院墙正中有砖细匾额，额内镌"堂构维新"（图18）"清乾隆壬申吉春"额文及年款。院内花岗条石铺地，西侧筑小花坛。

图18 照墙题字：堂构维新

轿厅单檐硬山造。厅面阔三间带左右梢间，通面阔19.6米，进深五界6.6米。梁架为三界回顶前后廊形式。正、次贴均为扁作抬梁式，内三界梁背设双斗，双斗间置荷包梁。前后廊扁作月梁川攀连檐、步柱。明间后设穿堂，穿堂两侧有小天井。东西次间后均砌矮墙，上设低矮的木栏杆，做法较有特点。

轿厅穿堂后开库门，库门后设砖墙门。墙门为仿木飞椽、滴水檐，檐下设一斗六升仿木砖雕牌科，垫拱板透雕"寿"字蝙蝠纹。上枋深浮雕人物戏文故事，下设回纹挂落。字牌内镌隶书"别积连云"（图19）额文。左右兜肚分别深刻人物戏文故事。下枋浮雕"鲤鱼跳龙门"图案。两侧荷花柱较长，柱头雕出如意头，柱中部浮雕人物，末端镂雕莲花。八字门樘内以细砖贴面，下设青石须弥座式勒脚。须弥座束腰部为竹节形，并雕如意纹。

中厅，面阔五间带两厢19米，进深七界8米。为内四界前廊后双步行式。正贴内四界大梁扁作抬梁式。步柱上设栌斗承四椽栿，四椽栿两肩置荷叶

图19 门楼题字：刘积连云

墩与大斗，承平梁，架上金檩与金机。平梁背设一斗六升牌科，承脊檩与脊机。山尖施凤凰祥云纹山雾云。次、边贴穿斗造。前檐出檐较深，施飞椽，檐下为云头挑梓檩做法。廊川扁作月梁形，攀连檐、步柱。后双步月梁背设斗承檩。明间后设穿堂，穿堂两侧有蟹眼天井。东西稍间后亦设小天井。值得指出的是，明间两侧屏风式隔断做工十分讲究，下端圭脚做法别具一格，极有特点。

厢楼东西向，面阔两间，进深四界。梁架为圆作，穿斗分心造。两厢楼前分别筑有六角灯景式花墙，将厅前庭院一隔为三。大厅明间前有砖雕墙门。墙门一坡小瓦屋面，飞椽出檐，檐下设一斗三升仿木砖雕牌科。上下枋及两兜肚内满雕人物戏文故事图案。字牌边框浮雕"仙鹤祥云"图案，内镌"世德作求"（图20）"乾隆辛丑"额文及年款。

图20 门楼题字：世德作求

两侧荷花柱较短，顶部浮雕如意头，下端为花篮。八字门樘细砖贴面，下部设有青石质须弥座式勒脚。须弥座的束腰部雕如意纹。墙门两旁的塞口墙亦设有六角灯景式花墙洞。

  大厅，面阔五间（三明二暗）带两厢楼，进深十檩8.9米。梁架为前廊、前轩、内四界、后双步做法。正贴用五柱，次贴用九柱，边贴用八柱。明、次间前檐出檐较深，檐柱上端出龙头形短枋，施梓檩上承檐口。前檐柱顶不设斗直接承檐檩，下设青石鼓墩。廊檐枋间设一斗三升牌科，夹樘板透雕如意卷云纹。前廊扁作月梁川攀连檐、步柱。前轩船篷顶，轩梁扁作，下置梁垫。轩梁背设双斗承桁，双斗间置荷包梁。前后步柱下设青石质鼓形础，柱础满雕卷草花卉纹。步柱顶设斗上承四椽栿。四椽栿梁肩置荷叶墩，设大斗承平梁，四椽栿梁头剥腮底部置梁垫,蜂头贴金麒麟。平梁背设一斗六升牌科上承脊檩,山尖施透雕仙鹤祥云纹山雾云,脊檩两旁置抱梁云。次贴穿斗造,山尖亦施山雾云。筑"囚门子"(墙上落檩,墙心装饰),边贴穿斗造。厅内方砖直纹铺地。明、次间的后步柱间设落地屏门16扇为隔断,明、次间轩步柱间设落地长窗16扇,裙板浮雕山水、庭院、花卉图案。两次间廊前设木栏杆。

楼厅,取名"凤栖楼"。(图21)面阔五间带两厢楼19.4米,通进深13米。步柱通顶,为副檐轩楼厅做法。底楼四界承重扁作,月梁形。方木搁栅上承楼板。底楼明、次间前设格子落地长窗18扇,长窗裙板浮雕各类花卉图案;中夹樘浮雕双龙、人物戏文故事及各种鱼类图案。两次间廊前设木栏杆,二楼梁架为内四界前后廊形式。内四界圆作抬梁式。明、次间与两厢楼前檐下均设槛窗,窗前做

图21 传说中乾隆安置殷氏母女的敬修堂凤栖楼

细砖窗台。厢楼面阔两间,进深四界。梁架为圆作穿斗造。两厢底楼廊前设有低矮的坐槛,上设长窗,东西厢与楼厅梢间之间置有小天井。

图22 门楼题字:功崇业广

图23 门楼题字:美轮美奂

楼厅前有砖雕门一座,墙门朝外为挂壁形式。上设皮条脊,一坡小瓦屋面,滴水檐口。上枋光素无纹,枋两侧各置一斗,下悬荷花柱,荷花柱下端雕出仰覆莲瓣。字牌内镌楷书阳文"功崇业广"

(图22)额文。两兜肚内浮雕花卉图案。下枋浮雕"二龙捧寿"图案。墙门朝内为砖雕牌科形式。滴水檐下设一斗三升仿木砖雕牌科,上枋与两兜肚内浮雕人物戏文故事图案。字牌内镌"美哉轮奂"(图23)"乾隆壬申"额文与年款,下枋深雕"鹿景图"。两侧荷花柱下端雕出怒放的莲花。楼厅前庭院内设以花坛,植有腊梅、牡丹、芍药等花木。

楼厅后有附房8间,面阔26.95米,西端进深六界7.2米,东端进深四界4.7米,平面呈梯形。梁架圆作,穿斗分心造。室内地坪高于楼厅1.44米。

宅院正落主体建筑东侧院落内设有附房三进六间,并有古井一座。敬修堂的最后一进是一排平房,是作厨房、仓库及佣人居住用的。各进房屋之间,用位于东侧的一条长长的备弄连接,既便于走动又不影响主室内的活动。

敬修堂每进房屋都用天井分隔,通风采光考虑周到。夏季骄阳直射,光照止于庭阶,冬季阳光斜照,光线直进中堂。敬修堂共有三座砖雕门楼,雕刻内容吉祥,技术精湛,是图文并茂的艺术佳作。塞口墙上均嵌有吉祥图案的花窗。这种有层次的空间,既便于远眺,又起到避外隐内的作用,具有安静而不冷清,交往而不干扰的特点。敬修堂旁是一片果园,花香鸟语渗透到居室,生活环境丰富多彩,充满活力。

敬修堂的凤栖楼五间两厢,都是两层楼房。它是敬修堂的内宅，属于藏闺纳娇之地，建筑以整洁实用为主。楼下的12扇落地长窗上，雕有12条不同形状的代表12个月份的龙，是民居建筑中绝少见到的。相传，乾隆皇帝当年到西山微服私访，和村姑殷氏一见钟情，不久殷氏怀了乾隆的孩子，但由于汉人女子不能进宫，乾隆就命人建造了敬修堂用来安置殷氏母女。乾隆在殷氏居住的敬修堂凤栖楼，雕龙12条以示每月相伴，殷氏在敬修堂一生守候。

佛楼两间半。敬修堂其他的厅堂都是扁作梁，唯有佛楼取用圆梁，以体现华严宗圆融深奥的佛理，下方方形柱础，上为圆形木梁，是寓天圆地方的意思。这里，应该是久居深闺的殷氏母女，以拜佛和读书来寄托对乾隆爷思念的地方。

敬修堂是苏州地区大型民居住宅的代表性建筑之一，其建成年代明确，建筑特点鲜明，具有极高的观赏、研究价值。

照墙题字："堂构维新"。建造敬修堂时的指导思想是建筑创新，和苏州本地的其他宅第不同，以模仿北京的皇宫内院为主，房屋特别高大宽敞，气势恢宏，装饰精美，级别特别高（雕有大量龙凤）。

门楼题字："刿积连云"。刿gui，本意为将很小的东西从地上刮起来，寓意薄利多销，是经商起家的基本理念；积意为囤积居奇，是经商致富的捷径；连云，意为经商如果能用好刿和积两种方法,事业就能青云直上取得成功。

门楼题字:"世德作求"。意为世代以行善积德作为追求(中国俗语"世上百年人家,唯有行善",只有多做善事才能长久不衰)。

门楼题字:"功崇业广"。意为发家致富后多做善事,既能使家族功德崇高,又能使事业更加兴旺发达。

门楼题字:"美哉轮奂"。意为美轮美奂。

萃秀堂

位于东村东上62号,现为苏州市文物保护单位,是一处体量较大的清代民居群体建筑,前后共六进,原占地约1100平方米。(图24、图25)原有门厅、大厅、楼厅、后楼、客房、后楼,其间分别用墙门、天井隔断成院。大厅(图26)面阔三间带两厢计20米,进深九檩带前后双步廊计12.1米。大厅

图24 萃秀堂古建筑群

图25 萃秀堂入口

图26 萃秀堂大厅

高敞恢宏，外观为两坡苏瓦硬山顶，花岗石基座，前设踏步四阶，厅内方砖正纹铺地。大厅彻上明造，大梁扁作，其结点处均使用荷花坐斗、镂花连机，唯三架梁坐斗上施重拱，梁背饰镂雕"双凤呈祥"山雾云，脊檩两侧置镂雕抱梁云，大梁底部及两侧均刻双线弦纹，做工极为精细。三根脊檩均饰包袱锦笔锭胜图案的苏式彩绘，其金、红、蓝、白颜色十分艳丽。下金檩与额枋间施一斗三升牌科，拱垫板饰镂雕寿字花卉图案。金柱高4.55米，底径0.3米，青石鼓墩柱础，满雕缠枝、焦叶包袱锦式图案。柱上部出丁头拱，惜镂空蜂头、棹木已毁，柱端置栌斗，边帖檩柱根根立地，柱头均施坐斗、连机。脊檩柱坐斗上也设重拱，饰山雾云。柱间用眉形及长方形穿插枋攀连，枋上刻变体

图27　萃秀堂大厅苏式彩绘、木雕山雾云

如意纹饰，夹堂板镂空万字式木雕。穿插枋下墙面用细砖斜纹满铺，大厅前设满天星落地长窗，夹堂板及裙门均雕刻花绘。（图27）

　　大厅前有砖雕门楼一座，制作十分精细，形式为仿木牌楼式，上筑皮条脊，出方檐椽双层，檐

下置一斗三升牌科，斗座雕覆荷叶花纹，拱垫板雕梅、兰、竹、菊。上、下枋及肚兜均涂雕人物典故，惜人像全部被敲毁，匾额雕回纹边框，额中题字被敲得难以辨认。两侧垂莲柱仅剩上半段方柱及仰莲柱头。门楼与大厅间为天井，青砖回纹铺地，两侧砌变体海棠灯锦式花窗墙，花窗紧贴两层楼夹厢，楼上缩进半架，夹厢一端设三山屏风墙，与门楼照墙连为一体。（图28）后楼两幢，仅用一条夹弄间隔，其体量不大，结构相同。（图29）前楼面阔五间带夹厢17.5米，进深七檩8.8米，后楼面阔五间17.5米，进深七檩8.5米，楼上为圆作抬梁式结构，楼下设落地长窗，楼上设槛窗。其后还有附房五间，面阔17.5米，进深7.4米，小楼一幢面阔7.4米，进深3.2米。

萃秀堂除门厅毁坏外，余均保持完好，该处建

图28 萃秀堂砖雕门楼、花窗

图29 萃秀堂备弄

筑额枋上用牌科,脊檩上饰彩绘,边贴满铺方砖,独具清代江南民居的特色,具有一定的研究观赏价值,现仍被村民当仓库使用。

晏圣堂

位于东村古村西侧,在徐家祠堂东南面,始建无考,现存清代建筑三间,因堂内中间供奉晏圣老爷而得名。(图30)晏圣也称"晏公",浓眉虬髯,面如黑漆,俗称"黑老爷""黑伯伯""晏公

图30 晏圣堂

大元帅"。(图31)相传晏圣姓晏,名戍仔,元朝初江西临江府人,死后被封为水神,是天妃(妈祖)部下十八位水阙仙班的总管,职司平定风浪,保障行船安全。古代东村村民外出经商全靠船只,所以特别信奉晏圣,专门建庙供奉,香火不断,延续至今。该堂保存基本完整,局部被改建,现为村

图31 晏圣堂神像

民自发烧香点,内供晏圣、天妃、龙王、猛将、如来、观音等雕像,各路神仙济济一堂,都是当地村民崇敬偶像,佛教、道教等宗教观念被淡化,为原始乡土信仰文化的例证。

晏圣堂面阔三间8.6米,进深七檩7.4米,外观为观音兜苏瓦两坡屋面,堂内为圆作抬梁式结构,梁柱用材较小,做法简洁。金柱高2.55米,底径0.18米,上粗下细,柱础花岗石鼓墩形,腹鼓直径0.25米,梁架上用瓜柱、替木承托檩条,举架平缓。屋面富有一定曲线,边贴除上金檩用瓜柱承托,其余均用立柱支撑。

学圃堂

位于东村西上48号,为一处中小型的民居。(图32)学圃堂的堂名出自《论语》,比喻文人也要学习务农,才能更加全面。现存门屋、门楼、大

图32 学圃堂大厅

厅。大厅面阔五间带夹厢21.5米,进深七檩带后双步廊11.6米,外观为两坡苏瓦硬山顶,屋面曲线平缓,厅内方砖正纹铺地。梁架圆作抬梁式,结点用瓜柱榫卯连结承檩,檩下设雕花连机,上敷方椽。金柱高4米,底径0.25米,下垫花岗岩鼓墩形柱础,柱头与五架梁直接用榫卯连结。边贴为穿斗式,柱间分别用短月梁及穿插枋攀连,梁及枋间铺夹堂板,大厅后廊及边厢均用栅板隔断。大厅出檐较深,檐高3米,檐柱出一斜撑支撑挑檐枋和挑檐檩,檩下用雷公柱,柱头雕垂莲,斜撑杆为海棠曲线形,底部设半丁头拱及麻叶云耍头,其做工精细,颇有特色。厅前按六抹头落地长窗。夹厢为两层小楼,上层缩进半架,设有槛窗,两厢间为庭院,正对大厅有砖雕门楼一座,筑皮条脊,其枋、拱等构件均仿木制作,正中匾额刻"长发其祥"四字,肚兜刻花鸟,下枋雕"笔锭胜"图案,两边垂莲柱全毁。门屋体量较小,结构基本与大厅相近。学圃堂保存基本完整,现仍为村民居住使用。

绍衣堂

位于东村西上33号,现存门厅、门楼、大厅3处建筑。(图33)大厅面阔五间16.8米,进深七檩8.1米,前后带廊。外观为两坡苏瓦硬山顶,屋面平缓,厅内梁架扁作,用荷叶柁墩、连机,三架梁正中用荷叶墩,上设斗拱出两跳承托脊檩,两侧饰

图33 绍衣堂门楼

抱梁云及山雾云,梁底刻双线弦纹。边贴为穿斗式,用扁月梁、穿插枋攀连,铺夹堂板,边间用栅板隔断,柱高3.25米,底径0.3米,柱下垫青石扁鼓柱础,径0.45米,柱头置栌斗,并出麻叶云耍头、丁头拱,镂空蜂头承托大梁。大厅损坏较为严重,屋面多处漏雨,致使脊檩朽烂,大梁糟朽断裂,随时都有倒塌的危险。厅内门窗也全部破坏殆尽,正对大厅的砖雕门楼朴实无华,除上、下枋两端刻有回纹,其余均为素面。门厅面阔三间,结构比较简洁,梁架圆作,顶部已为后期改建。绍衣堂的堂名出自书经,比喻承继旧闻善事,奉行先人之德化教言。堂中的砖雕门楼字牌已毁,依稀辨认似"树滋济美",落款为春田周锷,经查周锷官至苏州知府,号春田,乾隆五十二年(1787)进士,善画竹,尤精书法。

孝友堂

孝友堂是一处小型民居建筑,原有门厅、大厅、后楼三进,现仅存门厅及大厅,后楼已改建为新楼。(图34)"孝友堂"的堂名出自《诗·小雅·六月》："善父母为孝,善兄弟为友",意即事父母孝顺、对兄弟友爱。大厅面阔三间带厢19米,进深九檩8.6米,厅内前轩后廊,五架梁上吊有天花,大梁扁作,两端直接卯榫于

图34 孝友堂门楼

金柱泥槽中,两侧刻双线,底面略带琴面刻花卉图案。前轩为双檩船篷轩,轩梁扁作刻包袱锦图案,梁肩置斗、连机,承檩及荷包梁,现厅内堆满柴草。门厅面阔三间带附房19米,进深七檩4.7米,大梁圆作抬梁式。门楼哺鸡脊,匾额刻"荫芬桂馥"四字,肚兜刻花卉,下枋刻"凤展祥云"图案。该处建筑除大厅、门楼保持基本完好,其余均已改建。

维善堂

位于东村西上13号,现存大门、门厅、门楼、楼厅、后楼等建筑,除楼厅保持原貌,余均进行改建,但其主要结构未变。(图35)大门面阔一间,

图35 维善堂大门

为将军门式样四抹头边框,上有门簪,下设方形门枕石,浮雕动物花卉,门垛头福字图案。门厅面阔三间11米,进深七檩5.2米,圆作抬梁式结构,现已作为小店。楼厅面阔三间11米,进深十檩前带双轩8.6米,大梁扁作,两端有剥腮,出榫直接卯接于金柱泥槽中,梁底略有琴面刻花卉图案,边贴脊柱及下金檩柱落地,柱间用扁月梁连接。大厅前置双轩,均为船篷式,用短月梁,梁肩置坐斗,连机,梁两侧刻"仙鹤祥云"包袱锦图案,梁底呈琴面刻双线弦纹。金柱高3.1米,底径0.2米,下垫青石鼓形柱础。厅内方砖正纹铺地,前设满天星落地长窗。后楼面阔三间11米,进深七檩7.7米,圆作抬梁式,内部装饰及墙面均已改建。楼厅前门楼已毁,改建成水箱。

敦和堂

位于东上105、107号,为一处体量较大的清代民居建筑，原占地约1200平方米。原为二路四进，现仅存大厅、后楼及东路的住宅楼。（图36）敦和堂的堂名出自《礼记·乐记》："乐者敦和，率神而从天。"大厅面阔三间12米，进深十檩11.2米。

图36 敦和堂砖雕门楼

外观为两坡苏瓦硬山顶，设青石台基。厅内为抬头轩贴式，方砖正纹铺地，大梁扁作，做工精细。五架梁梁肩置坐斗、连机承三架梁及上金檩，三架梁梁背置坐斗，出拱两跳加连机承脊檩，脊檩设抱梁云和镂雕双凤呈祥图案的山雾云，梁底及两侧刻花卉及变体云纹。边贴制作也十分考究，其结构与装饰基本与大梁相同。金柱高4.2米，底径0.38米，青石鼓墩形柱础，柱头设栌斗，惜丁头拱、棹木、蜂头均已毁，仅可见外露的榫眼。大厅前面设落地长窗。后楼两幢并列，各自成院，结构基本相同，但其墙门与大厅不在同一轴线上，分别与大厅的边间相对。东后楼已毁，西后楼面阔三间带夹厢12.1米，进深12.8米，梁架圆作，设槛窗。大厅前砖雕门楼,为仿木构牌楼形式,有斗拱、枋子、垂莲柱、飞檐等。匾额刻"友于笃庆"四字,肚兜及上、下枋深雕的人物典故大多已被敲毁。东路门厅已毁,仅剩面阔26.6米,进深8米的朝西住宅楼一幢。

凝翠堂

位于东村西上84号,原有门厅、楼厅及门楼两座,现仅存楼厅及门楼一座。楼厅面阔三间带厢房17.8米,进深九檩前轩后廊10.5米。承重扁作,

图37 凝翠堂封火山墙

两端有剥腮,直接榫卯于金柱泥槽中,梁底略有琴面,两侧刻双线弦纹,承重中部出圆作横梁一根以承楼板。前轩为双檩船篷轩,轩梁肩置坐斗、连机承轩檩及荷包梁,梁两侧均刻双线举纹,金柱高3.3米,底径0.28米,下垫青石鼓墩,厅内方砖斜纹

铺地,前设满天星落地长窗,夹堂板、裙板均刻有花卉图案,楼上为圆作抬梁式结构。楼厅两侧夹厢小楼,楼上缩进半架,设槛窗。楼厅前砖雕门楼为牌楼式,面阔一间1.3米,上筑皮条脊,其斗拱、方椽、额枋、垂莲柱等均为仿木制作。门楼砖雕十分精致,上枋浮雕"五鹤祥云"图,下枋浮雕"鲤鱼跳龙门",肚兜透雕人文故事,匾额题"而口蕃昌"四个字,两侧垂莲柱为方形,下端雕有仰莲及覆莲。(图37)

东园公祠

位于东村大街东侧,始建于宋宝佑二年(1254),清乾隆四十二年(1777)重修。(图38)该祠原有房屋三进,现大部分建筑已废或被改建,仅存砖雕门楼一座为原构建筑。门楼大部倒

图38 东园公祠遗址

图39 东园公祠砖雕门楼题字

图40 东园公祠砖雕门楼题字

塌,仍存外侧"东园公祠"(图39)砖雕题字的前三字;内侧"商山领袖"(图40)砖雕题字仍完整,上款为"乾隆丁酉秋日",下款为"张士俊题"。

第三章 风物民俗

东村地处湖心，物产富饶，水路航运四通八达，历来是达官显贵退隐的好地方。因远贸而长期深受各地影响，东村既承袭南渡中原文化遗韵，又形成了大异于吴中其他地方的风物民俗。

第一节 传说故事

乾隆金屋藏娇

相传，乾隆皇帝下江南时经常微服私访，曾经在太湖西山岛上认识了东村一位姓殷的村姑，她不仅美貌如花，而且知书达理，乾隆和她一见钟情，不久殷氏便怀了乾隆的骨肉，但由于她是汉人，不能带入皇宫，为遮人耳目，乾隆只能让她假装与东村敬修堂的商人徐伦滋结婚。

徐伦滋是敬修堂创建人、著名儒商徐联习的儿子，常年在外经商，匆匆奉命回西山和从未见面的殷氏拜完天地，没有入洞房就立即离家做生意去了，一直到死也没见过他名义上的正室夫人殷氏一面。

殷氏为乾隆生下了一个女孩，实际应该是公主身份，乾隆就派人在她们居住楼下的落地长窗上，雕了12条不同形状的龙，表示皇帝自己每个月都在陪伴她们母女俩。据说乾隆皇帝6次到苏州，每次都是从木渎乘船来到太湖当中，在船上与殷氏母女秘密相聚。由于殷氏为乾隆生下的是女孩，不用书房，所以如此富丽堂皇的敬修堂，就没有设专门的书房间。

徐伦滋常年在外面做生意，不久另娶了侧室，生下了儿子徐明理，徐明理继承父业，不仅成了有名的儒商，还精于医术。殷氏去世后，徐明理来到京城，乾隆皇帝专门派了刘罗锅、纪晓岚和翁方纲三位大学士为殷氏题词或撰写祭文，徐明理回西山后将这些题词和祭文刻在石碑上，放在东村徐家祠堂里供人瞻仰。今已被毁。民国十八年（1929）李根源先生（国民党元老、朱德总司令的恩师）到西山访古时，将这些碑文的内容大多抄了下来，编进了《洞庭山金石》一书中，使得我们现在还能从中了解到这一似乎只能在小说或影视剧中才能看到的传奇故事。

有位学者在游过木渎古镇后来到西山东村敬修堂，当他了解到这段传奇故事后，深有感触地说，

"木渎古镇是乾隆六次到过的地方，东村古村才是乾隆真正金屋藏娇的地方"。"东村古村——乾隆金屋藏娇的地方"，这真是一句绝佳的广告宣传口号。

乾隆皇帝风流韵事的传闻现在已经无从考证，但东村徐家祠堂内原先三位宰相刘罗锅、纪晓岚和翁方纲为殷氏这位民间妇女专门题写的颂词及祭文，却是无可争议的事实。而乾隆爷的传奇掌故和风流韵事到底有多少，又有谁说得清楚呢？

四皓隐于西山

东园公、夏黄公、甪里先生、绮里季，是汉初隐居于西山的四个著名的长者，因秦末曾隐居于陕西商山，又都白发皓首，故并称为"商山四皓"。

刘邦晚年宠幸戚妃，欲废吕后之子太子刘盈（即汉惠帝），而改立戚妃之子赵王刘如意为太子。吕后得知后采用张良的计策，由张良写信，太子刘盈亲自坐马车送到商山，厚礼相邀，终于感动了四皓，入汉辅助太子。入都后四皓与太子同游，高祖见太子有此四人辅助，叹道："羽翼已成，难动矣"，由此打消了改立太子的意图。四皓虽为汉室立了大功，但同时也得罪了戚妃和赵王刘如意，遂辞官，云游天下，最后在太湖之中的洞庭西山隐居。

汉惠帝刘盈登基后，感四皓之恩，虽不知四皓下落，仍在商山脚下，丹江之滨，建四皓陵，文官下轿，武官下马，以示敬仰，"四皓古陵冲北斗"为旧时"商州八景"之一，当地官吏为祭祀方便，亦建有四皓墓。甪里先生墓在陕西商县玉峰山下，东园公、绮里季、夏黄公的墓在陕西丹凤县商镇西的公路旁，今均已整修一新，对游人开放。隔丹江对面，便是四皓隐居地商山，有四皓庙，李白、白居易等均有诗作。

第二节 东村人物

"侠之大者，利国利民"，东园公堪称侠义。北宋末年，东村徐家先祖徐揆，只身到金兵营中索还被扣押的宋徽宗和宋钦宗两位皇帝，结果被金人当堂击杀，成为大宋烈士。北方沦陷后，徐家子孙"义不居伪邦"，南渡到东村隐居，堪称忠义。明清两代，东村徐家靠外出经商发家致富，成为洞庭商帮中的佼佼者。以徐联习为代表的东村商人，修桥铺路、建祠修庙、行善积德，以造福乡里为己任，义门、义井等至今仍存，堪称仁义。乾隆和殷氏的传奇故事，堪称情义。原存于东村敬修堂内的一块匾额，上题"尚义可风"四个大字，侠义、忠义、仁义、情义，成为东村"义"文化的鲜明写照。

汉初隐士商山四皓

东园公姓唐名秉字宣明,因住东园,故号"东园公"。夏黄公姓崔名广字少通,因曾隐于夏里修道,故号"夏黄公"。甪里先生姓周名术字元道,太伯之后,京师号曰"霸上先生",一曰"甪里先生"。绮里季姓吴名实字子衡,号"甪禄",后号"绮里季"。后四人以才学任秦朝博士,掌管史事典籍,德高望重。后因不满秦庭暴政,一齐弃官隐居商山,称"商山四皓"。刘邦称帝后曾屡聘四皓,四皓因少时不齿刘邦的为人,每次都借故推辞,不愿入汉为官,刘邦对此也深以为憾。(图41)

图41 明代绘制的东园公唐秉像

在西山,至今还有四皓的许多遗迹。甪里先生隐居于甪里，甪里之名即由此而来，今尚有甪里先生读书处——甪庵遗址，村中有周姓大族，即甪里先生后人（周家上头自然村）。

东园公隐居于凤凰山西南一里，即今东村，地名即因东园公而来。

绮里季隐于绮里，今石桥马迹犹存，相传为东园公的坐骑过桥时留下的痕迹，绮里旧有四皓祠。

夏黄公隐于慈里万花谷，其地曰黄公井，亦称黄公泉，居民多姓夏，俗传即夏黄公后人。

四皓隐居西山后不问世事，外面无人知其所终，整日乐于山水之间，今缥缈峰山腰有仙人台，相传即为四皓聚会弈棋之处。

因当时四皓隐于西山之事不为外人所晓，故有关四皓在西山的墓葬，历代史志均无记载。

一代儒商徐联习

徐联习（1684—1753），字循先，号东村，苏州西山东村人，清乾隆年间的知名儒商，东村敬修堂的创建人。徐联习为西山徐氏南渡始祖徐揆（靖节公，宋朝烈士、宣教郎）的二十一世孙。父徐则伊，以德行高操名于乡里，生五子，联习最幼。徐联习赋性聪敏，幼时即以孝亲敬兄为职志，虽家贫无力读书，但常借书自学，记性非凡，能过目成诵。徐联习生平善会计，未及成年即随族人赴湖广（湖南、湖北一带）经商。徐联习善于经营，将湖广丰富的稻米运到苏州，又将苏州丰富的丝绸运到湖广，航船来回不空，生意以诚信为本，不到中年即已成为一个富商，其经营的稻米和丝绸在衡阳、湘潭等地享有盛誉，成为当时"钻天洞庭"商帮中的佼佼者。徐联习经商不忘读书，即使在船上途中也常常手持书卷，"舟车间圣贤诚正之学不可一刻忘也"。经商数十年积聚财富，读书数十年修身养性，徐联习成了长江和太湖一带有名的儒商。

徐联习致富后不忘造福桑梓，对西山东村族人中的贫困者遍加资助，还带领许多年轻族人外出经商致富，教导他们光宗耀祖，造福乡里。晚年徐联习归居东村，建敬修堂，建筑风格大胆创新，大量借鉴了湖广官绅宅第的建筑特色，使敬修堂成为清乾隆年间江南民居中的精品。徐联习的同乡好友蔡书升（西山东蔡人，字廷彦，盛京承德县知县）十分敬重徐联习的为人品性，为敬修堂题写了多处匾额。徐联习还出资协同族人重建东村徐氏宗祠，亲自朝夕督理，三年而落成，但徐联习却因年老力衰操劳过度而得了痰喘之疾，病故前仍关照子孙要倾力于宗祠祭祀大事，并再捐水田十亩作为宗祠祭产。

徐联习妻邹氏，生三女，侧室李氏，生一子。徐联习的儿子徐伦滋继承父业，经商于湘衡间。徐联习的孙子徐明理不仅善于经商，而且博学多才，精于医道，交游广泛，为阐扬祖父徐联习的英名，徐明理于乾隆六十年(1795)请当时著名的学者翁方纲(大学士、礼部侍郎)撰写了《徐东村处士传》,并刻于石碑放在东村徐氏宗祠,供后人瞻仰(碑已毁于"文革"中)。

第三节　名特物产

洞庭皇银杏

图42　庭皇银杏

银杏为我国特产,至今仍保持着约一亿年前的古老风貌,有"植物中的活化石"之称。其果色银白,外形如杏子,故称"银杏";去其果皮后,果核呈玉白而光洁,故俗称"白果"。(图42)银杏雌雄异株,叶入秋黄绿,落叶时间,雄树多较雌树迟;雌树常比雄树肥矮多枝。大多栽植于房前屋后的平缓地带,树干粗大,虬枝凌空,为种植佳树,亦为优良的观赏树种。

银杏原系野生,东村人工栽培始于唐代,大量发展是在清同治、光绪年间,发展最快的是最近20年。银杏生长缓慢,一般须十年后才嫁接,30—40年后才大量结果,祖父植树到孙子一辈才得利,故银杏又称为"公孙树"。寿命极长，可达千年，百年老树则随处可见。春开暗花，花期较短，仅半月左右；靠风力传粉，以往因雄树多被砍伐，致使产量下降，近年来普遍实行人工授粉（雄花入水喷雾），产量得到保证。中秋前后采收，果皮有毒，须闷堆几天后去皮，不能用手直接接触，须戴橡皮手套进行，以免皮肤中毒溃烂。果核即为成品白果，可炒可煮，去壳而食，但不能多吃，数颗即止，否则中毒，轻者胀满，严重的可危及生命。《本草纲目》载："小苦微甘，性温有小毒，多食令人胪胀。"家居常以少量作八宝粥、八宝饭及炒菜的辅料，近年已成为制高级滋补品和化妆品的原料之一，身价百倍，经济价值极高（每担二千元左右），主要销往日本和东南亚地区。果仁（食用部分）肉质碧绿糯软，营养价值极高；果皮、叶均可入药；树干材质致密，是制作高级家具、雕刻、木模、匾额的良好材料。

品种分佛手与梅核两类，主要品种有大佛手、小佛手、洞庭皇、大圆珠、小圆珠、鸭屁股圆珠等。其中以洞庭皇和大佛手为最好。对银杏生产影响较大的灾害性天气主要是台风和持续高温干旱，对管理要求不高，仅须治虫2—3次。近年因白果价格猛升，果农日益重视，栽培面积及产量正迅速上升。近年通过对2—3年实生银杏苗进行秋季芽接，4—5年便开始结果，10年后即进入丰产期，结束了银杏"公孙树"历史。

食用白果过量中毒出现的时间在食后1—12小时不等,症状以中枢神经系统为主,表现为呕吐、昏迷、嗜睡、恐惧、惊厥,或神志呆钝、体温升高、呼吸困难、面色青紫、瞳孔缩小或散大,对光反应迟钝,及腹痛、腹泻等,白细胞总数及嗜中性粒细胞升高。少数病例并有末梢神经功能障碍表现,呈两下肢完全弛缓性瘫痪或轻瘫,角痛感均消失。据《随息居饮食谱》载:"中银杏毒者,昏晕如醉,白果壳或白鲞头煎汤解之。"除此之外,还可利用元寸(麝香)一分,调温水服后即可解毒,如果遇到中毒症状喘咳痰稠者,宜配入清热之药解之。倘若元寸药源一时缺乏,也可利用生甘草二两煎服。白果虽有小毒,但它早就被我国古代医家用来治疗皮肤病及外科感染,可治疗鼻面黑斑、酒糟鼻及头面疮癣等。此外,白果能敛肺气、定喘嗽、止带浊、缩小便,治哮喘、痰嗽、遗精、淋病等作用。据《三元延寿书》记载,白果生食能解酒,熟食有缩小便作用。

九家种板栗

板栗为壳斗科落叶乔木,俗称栗子,果实外包有硬壳,生满硬刺,老熟后能张开。栽培历史悠久,唐代西山已开始大量人工栽培。栗子既能生食,脆嫩香甜,又能熟食,西山人有吃栗子烧鸡和栗子烧肉的习惯。糖炒栗子是中秋时节的风味美食，商贩边炒边卖，满街生香，令人食欲大开。栗树木质坚硬，耐湿，是做刀砧板的上好材料，树皮含多种单宁，可供提取制革原料。

"九家种"是东村最主要的板栗品种，占总数的三分之二以上，几乎家家都有，因"十家倒有九家种"而得名。（图43）本种树势较强，树冠呈倒圆锥形；枝条硬直，着果后仍能保持直立状；树皮灰色，新枝上皮孔细密，芽近圆形而小。叶大，呈椭圆形，先端急尖，基部卵圆形，叶缘锯齿不显著，叶柄中等长。球苞小，短椭圆形，刺中等长（平均约1.3厘米），分枝点低，排列较密，球苞内生有长而密的茸毛，成熟时球苞成十字形裂开，每苞内有果3枚。果形椭圆，果肩浑圆，果顶平，基部钝圆，平均重12.2克（以边果为标准），外果皮暗赤褐色，果面毛茸短，果座较小，射线尚明显。肉质细腻，糯性强，品质优良，最宜熟食。每

图43 九家种板栗

一结果枝上发育的球苞常有5—6个之多,极丰产;球苞小而薄,出果率高,其他品种每100斤球苞可取出栗子30—40斤,九家种则可得40—50斤。果实耐贮藏,农家将充分成熟的板栗装入罐中可藏至春节。本种以产量高,肉质细糯,耐贮藏,果形大小适中,宜于炒食,深受市场欢迎。

西山青梅

西山植梅始于唐代,明清时已很盛,明代梅盛于涵村一带,清代盛于鸡笼山一带,有"鸡笼梅雪"胜景。(图44)

图44 西山青梅

梅为蔷薇科落叶乔木,有观赏梅和果梅两类,今东村所植大多为果梅,是重要的经济作物。品种很多,依果实色泽分为三类:白梅类,果未熟为青色,熟后呈黄白色,味苦,核大;青梅类,果青色或青黄色,味酸,用于制蜜饯,东村梅子绝大多数属此类；红梅类，果光青色，染有红晕，后由红变紫，质细脆，味清酸，宜生食，为梅中上品，但产量极少。东村梅子绝大部分制蜜饯，可加工成话梅、露梅、脆梅、青梅等十余个品种，半成品盐渍梅还供出口。当地村民还习惯用青梅泡制高度白酒，做成青梅酒供日常饮用，味道清酸爽口，深受居民和游客欢迎。

青梅栽培旧时都用梅核实生培植幼苗，6—8年后才开花结果，上世纪80年代采用小苗嫁接，缩短了生长期，使种植面积和产量迅速上升，收到了很好的经济效益。采收多不待完全成熟，因而大小年差别较小，利于稳产。目前西山梅子品种较多，产量较多的有青梅、开蒂梅、白梅、桃梅、苦梅、花梅等，其中青梅果形大、产量多，种植最广；开蒂梅品质最优、无苦味，多产于后堡一带。随着大片梅林的不断增多，特别是后堡、梅益、镇夏、秉场一带，梅林连绵不断，已形成"林屋梅海"一大胜景。1997年起吴县市政府在西山举办一年一次的梅花节，成为吴中一大旅游盛事。梅树又是优良的观赏树种，古老桩干经人工雕凿，修剪枝条，缀以苔藓，消除斧痕，就成为苍古遒劲的梅桩盆景，俗称"劈梅"。

太湖莼菜

莼菜，又名马蹄草、水菜、水葵、凫葵，为睡莲科多年水生宿根性浮叶草木植物,是我国特产。产品食用部分为卷叶和嫩茎,富含蛋白质、淀粉、胶质、维生素、多缩戊糖等,具有补血、润肺、健胃、止泻、清热、解毒等功效。莼菜加冰糖炖服,还可以有效地治疗高血压病。

莼菜的地下茎匍匐延伸在水底淤泥中,主茎和分枝随水弯曲,叶呈椭圆形,正面绿色,背面暗红色,并附有透明的粘胶状物质,类似琼脂。莼菜食用最早记载见于《周礼》,自古就是太湖水乡的特色佳肴。食时可炒、煮,尤其适于作羹,鲜嫩爽口,滑而不腻,清香可口,颜色碧绿,惹人喜爱,古时将莼菜羹与菰菜、鲈鱼脍一起并誉为"江南三大名菜"。今西山人以莼菜为主料配制的传统名菜有莼菜氽塘鳢鱼、莼菜鸡片汤等。

《晋书·张翰传》载,晋代时吴人张翰在洛阳做官,见西风起,因思念吴中的莼羹、鲈鱼脍,就弃官而归,这就是著名的"莼鲈之思"典故,广为流传,引为成语,成为怀念故乡的代名词,一直沿用至今,莼羹(图45)、鲈脍也因此而闻名天下。从明万历年间起,莼菜就被列为贡品。《苏州府志》载:

图45 银鱼莼菜羹

"莼向出三泖，今出太湖中西山之消夏湾，东山之南湖滨、东山尤盛。初，山中人未知食莼，食之自明万历间邹舜五始。"

莼菜很早就被人们熟识，在后魏贾思勰的《齐民要术》中，就已有关于莼菜形状特征及栽培方法的记载："四月莼生，茎而未叶，名作雉尾莼，第一作肥羹；叶舒长足，名曰丝莼，五六月用丝莼，入七月尽。九月、十月内不中食，莼有蜗虫著故也。"吃莼菜的最佳时节是在春夏之交。自从西山消夏湾围垦以后，东村等地的湖滨尚有小面积野生太湖莼菜。

水晶石榴

石榴原主要作为观赏植物，春末开花，花色艳红似火，形若小钟，历来为人们所喜爱。洞庭山石榴培植始于

图46 水晶石榴

明代，但一直不为人所重视，抗日战争期间蚕桑低落，因石榴皮可作制革的鞣料，西山大批桑园改植石榴，一度使石榴产量大增。自柑桔发展后，石榴种植急剧减少，现西山除横山、东村、叶山、东村还有一定规模种植外，其余地方仅有零星种植，其

中以东村、横山石榴产量最多，所产水晶石榴在苏沪一带享有盛誉。石榴一般在寒露后成熟，西山有"寒露三朝采石榴"的农谚。有小种、大红种、小红种、水晶石榴（图46）、老油头、铜皮、虎皮、野种等近十个品种。

虎皮石榴的果皮黄中缀有黑色锈斑，色似虎皮，特点是果形大、子粒大、肉质厚、汁液甜。水晶石榴果形大，果皮黄白色，带红晕，较薄而光滑，萼筒粗大；因子粒色泽透明如水晶，称之水晶石榴，子粒色泽有洁白色和淡粉红色两种；子粒大，核小，汁多，味甜，品质优良。今西山石榴以水晶和虎皮为主。

石榴果实子粒繁多，一子一核，历来被看作吉祥之果，有"多子""顺流"之意，是馈赠亲友的时令佳品。

白蒲枣

西山枣子品种较多，有白蒲枣（图47）、马眼枣、秤砣枣、赤枣、水团枣、野桂圆枣等，产量以白蒲枣和马眼枣为多，品质亦佳。白蒲枣果实呈长圆形，成熟后由青转白，兼有褐斑，肉质松软，不宜鲜食，一般可加糖

图47　白蒲枣

煮熟后吃，味道香甜，营养也好；白蒲枣也是制金丝蜜枣的上好原料。马眼枣果形似马眼而得名，特点是果大、皮薄、核小、肉厚、汁多，宜鲜食，鲜甜爽口，颊齿留香。

枣子富含维生素和铁、钙等矿物质，历来被视作滋补佳品，亦是制糕点的重要馅料之一。枣子喜干燥，湿润年份所产枣子水份多，品质较差，故农谚有"干枣湿栗"之说（枣树喜干燥，栗子喜湿润）。古时枣子也被看作是吉祥之果，因"枣子"与"早子"谐音，故如有婚嫁礼仪必用枣子，寓有"早得贵子"的吉祥口彩。

第四章
古村保护

东村的衰落,起于清末的太平天国运动,连年战乱使东村商人的贸易活动一度中断。后虽有恢复,但获利已大不如前。民国期间,东村饱受太湖强盗和土匪骚扰,多次遭到抢劫、绑架和勒索;抗日战争期间,日寇和汉奸也曾多次到东村搜刮文物、勒索钱财。东村村口的4株古樟,见证了这一切。

第一节 保护规划

在1966年开始的十年"文革"期间,"红卫兵"破"四旧"(旧思想、旧文化、旧风俗、旧习惯),东村古建筑的多数雕刻遭到破坏,大量家谱、古籍、佛像等被毁。

改革开放后,东村村民纷纷盖起新楼,改善居住条件,许多老宅被拆除,更多的明清建筑被闲置，面临风雨的侵蚀。但因东村长期交通闭塞，经济发展相对滞后，仍有大量街巷、祠堂、码头、河埠、宅第等明清建筑保存至今，古村风貌基本得以幸存。

1997年，西山把东村列入省级历史文化名镇的历史街巷进行保护，开始控制古村内的村民建房，保护古村风貌。2003年，镇政府委托南京工业大学建筑与城市规划学院编制了《西山东村保护与整治规划》（图48），并由苏州市规划局批准公布，进一步加强了对古村的保护控制。

2009年，苏州市规划设计院编制完成了《苏州市金庭镇东村古村落保护规划》。

2013年，为进一步加强和规范古村保护，江苏省城市规划设计研究院编制了《苏州市金庭镇东村历史文化名村保护规划》。该规划方案经论证、

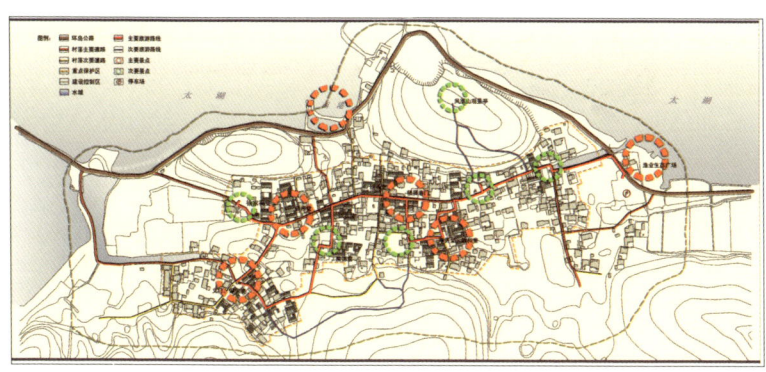

图48 《西山东村保护与整治规划》

评审完善、公示等规定程序后,报送江苏省政府审批公布,成为规范和促进东村古村保护利用的法定规划。

2014年,为进一步细化古村保护规划,指导保护工程的实施,吴中区政府下属的苏州太湖洞庭古村旅游开发有限公司,委托浙江省古建筑设计研究院、苏州市冶园古建筑营造有限公司,编制了《金庭东村古街保护整治及西入口片区规划设计》(图49),并于2015年完成评审、招标等工程前期准备工作,在2016年初开始实施。

图49 《金庭东村古街保护整治及西入口片区规划设计》

第二节　保护整治

2005—2006年,吴中区文物局对敬修堂和栖贤巷门两处省级文保单位开展了维修。

2009年,西山开始实施东村古村保护一期项目，对西山保存古建筑数量最多、质量最好的东村古村进行保护利用，先期启动的，是引进投资单位垫资400多万元实施的市级文保单位徐家祠堂的抢救修复工程，修复古建筑1000平方米，2010年竣工并对外开放。2011年，经过保护修复的徐家祠堂升格为省级文保单位。

2013年，东村被列入"中国传统村落名录"。

2014年2月，东村古村被住建部和国家文物局公布为第六批中国历史文化名村。

2014年9月，国家文物局印发《关于印发全国重点文物保护单位和省级文物保护单位集中成片传统村落整体保护利用工作实施方案的通知》，首批被列入保护项目的共有50个传统村落。西山的东村古村，是此次江苏省唯一入选的传统村落。该保护项目将统筹文物保护与村落发展的关系，立足文物保护利用，促进传统村落协调发展。同时，在保护文物建筑方面，政府将加大基础设施建设力度，改善生态环境，充分发挥文物资源优势，促进发展适宜产业，把文化传承、生态保护、经济发展、改善民生有机结合，实现传统村落的整体保护和可持续发展。

2016年，由苏州太湖洞庭古村旅游开发有限公司主导，金庭镇政府、东村村委会等有关单位配合，开始对东村实施街巷及西入口保护整治工程。截至2017年末，工程正在实施过程之中，东

图50　实施中的东村街巷及西入口保护整治工程（2017年10月）

村古村除徐家祠堂外，其余部分尚未对游客正式开放。（图50）

第三节　旅游线路

到东村旅游交通方便，可以选择乘火车至苏州站后，在南广场坐公交69路，到金庭镇政府站下，再换乘公交694路到达东村。苏州市区可坐公交58路至终点站金庭镇停车场下，再换乘公交694路到达东村。也可坐地铁1号线到木渎站（中华园饭店），换乘公交691路到至终点站金庭镇停车场，再换乘公交694路到达东村。（图51、图52）

自驾车来东村游玩，到苏州绕城高速西山出口下后，右转一直往西山（金庭）方向开，途径三座

图51 东村古村游客服务区（效果图）

图52 东村古村游览入口（效果图）

太湖大桥就达到金庭镇西山岛了。

1. 家庭亲子欢乐游

西山岛月月有花、季季有果、天天有鱼虾，如此丰富的土特产每年都吸引成千上万的游客前来品鲜采摘，这条线路主推欢乐采摘配以景点、美食民宿，这也是目前西山岛对家庭型客源群较有吸引力的旅游产品线路之一。

设计线路：

欢乐采摘（茶叶、枇杷、杨梅、桔子、石榴

等）—东村农家乐餐饮—东村古村参观—东村农家乐住宿

2. 古村寻幽怀古游

西山岛是太湖中最大的岛屿，岛上古村落众多，以北面的东村古村保存古建筑最多最精。此线路以东村徐家祠堂、敬修堂为核心，引导游客到访古村，勾勒刻画古村和人物的内心与生活的印迹。

设计线路：

东村古村—农家乐—品茶/名人古迹

3. 生态环保健康游

以崇尚生态健康出行为吸引要素，引导野外徒步、自行车出游、驴友俱乐部的广大群体到西山岛北部和中部山区行走于健康步道，观阴山横山群岛风光、缥缈峰日出日落，得野风于山巅、乐其筋骨于康健。

设计线路：

东村古村—登山健身步道—农家美食—品茶民宿

4. 宗教文化体验游

西山岛佛教兴盛，有"三庵十八寺"之称，道教圣地亦有几处，可谓资源丰盛，加之大观音禅寺落成，宗教文化体验游兴盛，主要以包山禅寺、大观音禅寺最具规模。

设计线路：

东村古村—东村晏圣堂—东村三清殿—农家乐

餐饮住宿—大观音寺—包山寺

5. 环岛亲水活力游

以特色交通为吸引要素，引导环湖风光游览，可以串联夏季旅游淡季的产品线路安排。

设计线路：

东村古村—古码头—渔船体验—垂钓体验—庭山码头游船观光—农家乐餐饮住宿

附录
东村诗文

东 村
宋·陆游

今日风日和,衰病亦少平。
出门无所之,携幼东村行。
吴地冬未冰,溅溅沟水声。
山卉与野蔓,结实丹漆并。
鸡犬亦萧散,如有世外情。
举手叩柴扉,病叟喜出迎。
从我语蝉联,未寒畴昔盟。
解囊付之药,与尔偕长生。

游东村
宋·陆游

露草衡门晓,风松一坞幽。
新春有佳日,老子得闲游。
鸥为忘机下,鱼缘得计浮。

归途无远近，一叶乱渔舟。

东 村

宋·陆游

雨霁山争出，泥干路渐通。
稍从牛屋后，却过鹳巢东。
决决沙沟水，翻翻麦野风。
欲归还小立，为爱夕阳红。

题画师周东村之郊秋图

明·唐寅

鲤鱼风急系轻舟，两岸寒山宿雨收。
一抹斜阳归雁尽，白萍红蓼野塘秋。

东 村

清·姚承绪

在凤凰山南，以东园公名。
东园公姓唐名秉，字宣明，陈留襄邑人。

高卧东山作寓公，
闲将羽翼卫东宫。
紫芝红似凌霜桔，
谁向秋风弋断鸿。

东 村

清·顾超

包山名胜闻九州，可以卜局非一邱。
昔人竞夸西蔡丽，予来独爱东村幽。

梨红柰紫樱桃赤，雨后落花纷五色。
腰镰手瓮鲜游民，出入无非灌园客。
桃源去俗仅一尘，孤花片水犹迷人。
此间高峙浪千尺，无怪从来寡问津。

题东园徐氏祠（五首）

清·翁方纲

吴下徐昌穀，知怀北地亲。
烟花销靡丽，肝胆切轮囷。
不及心田子，能传祖父真。
手携冰雪卷，无寐念先人。

游子恩晖报，千秋一片心。
追慕陈水泳，感激海山深。
他日珊瑚网，重镌翰墨林。
江头春草绿，吹满洞庭阴。

苦节非畸行，神明下鉴知。
所书惟抒实，相托以无欺。
尽是孤儿泪，何须幼妇辞。
不虚风雪里，策蹇走京师。

冯子秋鹰眼，钱公骏马行。
为君摹绢素，如此写平生。
绿斛人俱去，青萍匣一鸣。
寸心耿耿事，不是博荣名。

南浮极湘楚，北道出居庸。

知己覃溪外，同岑几客逢。

松筠心共在，湖海气来供。

淡得论诗意，茶烟砚一峰。

东园徐氏祠堂记

清·王鸣盛

吴县西洞庭山在震泽中，穹巖邃壑，备诸瑰异。东园在山北，尤僻左，相传四皓东园公居此，盖里中至今有东园公祠云。而徐氏世居其地，其先出自宋靖康间讳蓁者，自大梁迁吴之光福，市号汴河公。汴河公之第三子讳揆，为太学斋长当，青城之难，上书请帝还宫，殉节以死，赠宣教郎以官其后，其事俱载《宋史》，历朝崇祀，六传至万一公，以宝佑二年迁于东园，是为东园始祖。其后支派繁衍，散处楚中。在应城则有讳养量者，前明万历丁未进士，累官南京兵部尚书。在竹溪则有讳成楚者，万历丙戌进士，累官礼科给事中。在孝感则有讳升者，本朝顺治壬辰进士，官长葛县知县。在沔阳则有讳国柱者，乾隆癸未进士，官吴堡县知县。然皆以东园为本宗。予以乾隆丙戌九月游林屋洞，门人徐生琚来迎，遂造其家，留一宿。明晨，生导予纵步巅崖墟落间，惊涛泱瀁，秀嶂环列，恍然置身尘世外。予顾而乐之，既归，生复踵门奉币再拜，请为其祠堂记，将刻诸丽牲之碑。夫东园固天下绝境，而徐氏之聚族且数百年，又有宗祠以鸠子姓而妥先灵，春秋享祀不懈益虔，徐氏之世德可谓长矣。

记曰：君子将营宫室，宗庙为先。盖自命士以上皆有庙，唯庶人祭于寝耳。但庙非有爵者不立，非宗子亦不立，且亦祭至四世三世二世而止，盖于自仁率亲、自义率祖之中，又不失辩等威别名分之意焉。顾礼缘义起未爵而世禄则祭之，宗子去国无子亦祭之。是故凡有祭田者皆可立庙，是亦世禄之义也。支庶有贵者亦可立庙，是亦代宗之义也。唐王珪以不立家庙见劾，古之重家庙也如是。至于推而上之以及于始祖，则自伊川程子，始以为宜，而其后因之不变。《朱子家礼》谓祠堂在正寝之东，所述规制甚备。而我世宗宪皇帝《圣谕广训》亦曰立家庙以荐蒸尝，则今日祠堂之制，凡族大者皆得立之明矣。徐氏之祠，中为享堂，后为寝室，门庑、廊阶、夹室、库藏毕具。奉始祖万一公居中龛，其下以次，附各以妣配，并南向，岂非合古礼遵今制者哉吁！尊祖、敬宗、收族，仁人之所用心也。末俗浇漓既多，忽而不务，且物力日艰，故家巨室转眨凋敝，虽有其心，或且无力营之。洞庭山穷水断地特幽奥，民多勤力，治生以起，其家家各有祠，闳丽靓深，崒嵂相望，而山北以徐氏为冠，庶几淳风厚俗之永留于兹山也与！祠创于乾隆十三年四月，落成于十四年十一月，凡糜白金九千余两，族之人聚资成之，而董其事者，则十四世孙联习等也。

乾隆三十二年岁次丁亥仲春上瀚。赐进士及第、诰授通议大夫、内府光禄寺正卿加二级纪录三次、前内阁学士兼礼部侍郎、日讲起居注官、翰林院侍读学士、翰林院编修、历充丙子顺天乡试丁丑会试同考官、己卯福建乡试正考试官、国史馆平定、西域方略馆纂修官王鸣盛拜撰。

作者简介：王鸣盛（1722~1797），清代著名史学家、经学家、考据学家。字凤喈，一字礼堂，别字西庄，晚号西沚。江苏嘉定（属今上海市）人。官侍读学士、内阁学士兼礼部侍郎、光禄寺卿等。以汉学考证方法治史，为"吴派"考据学大师。撰《十七史商榷》百卷，为清代史学名著之一。另有《耕养斋诗文集》《西沚居士集》等。

致苏州友人

王朝闻

×××同志：

得知从你村(洞庭西山东村)到横山岛之间，那条新筑的大堤要开个口子修座桥，我为此替洞庭西山的风景区感到高兴。如果只顾陆路交通的方便，不顾各岛所组成的天然图画以致不顾水上交通是否方便，笔直的大堤不开口子实在有煞风景。来信没有说将修建一座什么样式的大桥，我希望大桥样式与周围的环境协调一致，只能增加湖山环境的美丽而不致闹独立性，以免客观上破坏了湖山风景的天然美。什么样式的桥较为合适,既要照顾实用又要保证美观。既然明年才能动工,不知道是否已经或将要多方征求苏州画家和园林设计家的意见。总之,不论洞庭西山是否将会成为旅游点,任何建筑都应有全局观点,都应照顾到水乡的特殊性,都应照顾到洞庭西山这幅天然图画的美。

石公山风景区的破坏,分明是好心作了坏事的结果。我在这里所说的"好心",指的是只顾开采石材、尽可能利用自然资源这一点。如果从保护风景区的需要和任务着眼,这种"好心"自身是很成问题的。至少,是一种认识的片面性的表现。去年我们特地坐船去游览石公山,不只看不到石公、石婆那样的巨石,连这个岛子几乎全被啃掉了。为了物质建设,洞庭西山的采石似乎很难避免。但是,如果不照顾精神建设的需要,这种实用主义其实不太适用。毁掉风景区并不太费事,要重新建设却很艰难。甚至,是根本不可能的。天然的石公、石婆既然已经全部、彻底消灭了,即使有天大本事的雕刻家也不可能恢复旧观。石公山的被破坏是一种惨痛的经验,今后怎样避免这种"悲剧"重演,是值得每个人都关心的问题。热爱祖国包括热爱故乡的文物和风景,对群众进行审美教育的意义不限于让他们拥有审美的能力。

承你们的好意,陪我上横山岛参观。但我想重复地说,那次参观是很令人失望的。几十年前,我听说洞庭西山有许多古建筑,早就希望有实地观光的机会。然而我们在横山岛,除了碑记还证明这个岛上曾经有过古代建筑之外,有名的十景荡然无存,只在盘龙寺旧址看到一栋残败的殿堂,怎能不令人感到失望。

如今,在我的记忆里,还保存着美好印象的,是将要访问与坏人作斗争而受伤的徐也同志那天,在尚未到达东村之前,坐在路边观赏包括阴山在内的诸岛。中国画里不是有一种所谓青绿山水的画种吗?我们当天似乎看见了一大幅青绿山水画。不,它比画更美。因为,天上的流云是动的,水上的船是动的,这就较之看画更有趣。保护这种天然图画人人有责,怎样保护它的美是值得认真对待的问题。

1983年9月8日
(录自1983年10月9日《苏州报》)

参考书目

1. 《吴郡志》，宋范成大撰，1999年江苏古籍出版社印。
2. 《吴郡图经续记》，宋朱长文撰，1999年江苏古籍出版社印。
3. 《震泽编》，明蔡升、王鏊撰，明弘治十八年印。
4. 《林屋民风》，王维德撰，清康熙五十二年印。
5. 《太湖备考》，金友理撰，清光绪二十九年印。
6. 《重修东园徐氏宗谱》，清乾隆十年印。
7. 《东园徐氏宗谱》，清嘉庆七年印。
8. 《南徐徐氏世谱》，清乾隆四十年印。
9. 《堂里徐氏家谱》，清乾隆四十一年印。
10. 《具区销夏湾徐氏重辑宗谱》，清嘉庆十四年印。
11. 《洞庭煦巷徐氏宗谱》，清道光八年印。
12. 《洞庭山金石》，李根源撰，民国十八年印。
13. 《吴郡西山访古记》，李根源撰，民国十八年印。

14. 《中国古代建筑史》，刘敦桢主编，中国建筑工业出版社，1980年。
15. 《中国古代建筑辞典》，北京市文物研究所编，中国书店，1992年。
16. 《蒯祥与香山帮建筑》，吴县政协文史资料委员会编，天津科技出版社，1993年。
17. 《太湖西山名胜诗文选》，邹永明选注，苏州大学出版社，1997年。
18. 《西山镇志》，邹永明主编，苏州大学出版社，2001年。

后　记

　　本书是一本通俗读物、休闲读物，它不同于一般的学术著作。我们力图运用通俗易懂、生动活泼的语言，全面介绍东村的精彩之处，引领读者前往旅游观光。在那里可游、可看、可怀古、可探幽，可选购富有特色的物产，也可领略当地的民俗风情。

　　此书的编写，得到了江苏省文化厅、江苏省文物局、江苏人民出版社、江苏省文化艺术研究院、苏州市文物局、吴中区文物局、吴地历史文化研究会、洞庭古村旅游公司、金庭镇政府、金庭旅游集团公司、东村村委会等单位的支持和指导；邹永明、姚勤德、金戈影、徐志刚、王仁宇、徐刚毅、徐克平、张朝阳等诸多专家和朋友们悉心指点，提供资料和图片；管世俊、王蔚为本书统稿；书中引用了部分已经出版或发表关于当地历史、文化、艺术、科学的专著、志书、宗谱、文章等的相关资料；我们还得到了其他热心宣传精彩江苏、精彩东村的相关群体和个人的大力支持，在此一并表示诚挚的谢意。

由于编者水平所限，加之时间较为紧迫，书中难免会出现疏漏和不足，敬请读者批评指正。

编 者

2018年2月